Elogios hacia el libro

En primer lugar quiero felicitarle por haber creado la herramienta de autoaprendizaje para ser líderes más completa de las que he leído hasta ahora. Es un concepto brillante que usted solo revela parcialmente, dejando que sean los aspirantes a fututos líderes quienes lo descubran completamente. Me hubiera gustado tener un libro como este cuando empecé mi carrera de liderazgo."
M.E. (Maurice) Bakker MBA, consejero delegado, ABC Management Groep B.V.

"Kai Roer consigue dar consejos de una forma muy sencilla, un verdadero Manual, que merece la pena leer más de una vez."
Filipe Carrera, formador Internacional y ponente

"Un recurso muy valioso para los que desean profundamente mejorar como líderes"
Mindy Gibbins-Klein, autor, ponente y fundador de The Book Midwife®

"Excelente contenido y formato. A mí, personalmente, me gusta la sección donde se les deja tiempo a los lectores para reflexionar, tomar notas y hacer ejercicios."
Narelle Morris, jefa de seguridad, RailCom bv

"Este libro es un manual y una guía para el líder que hay en cada uno de nosotros: es un repaso de lo que uno ya sabe, un apoyo a la hora de descubrir nuevas ideas y un incentivo para tener siempre presente a nuestras experiencias. Un manual de obligada lectura para todos los líderes."
An Deventer, auditor interno en KBC Global Services NV

Kai Roer

El Manual de los Líderes

Publicado por El Grupo Roer 2010

Publicado por El Grupo Roer 2010

Copyright © 2010 Kai Roer. Todos los derechos reservados.

Kai Roer ha reivindicado su derecho, en virtud de la Ley de 1988 sobre Derechos de autor, diseños y patentes, para ser identificado como el autor de esta obra.

Este libro se vende con la condición de que no será, por vías comerciales u otras vías, objeto de préstamo, reventa, alquiler, o de cualquier otro tipo de distribución sin el consentimiento previo del editor, con cualquier tipo de portada o cubierta distinta de aquella con la que se publica; esta condición o cualquier otra similar será también de aplicación al subsiguiente comprador.

Publicado por primera vez en Europa en 2010 por el Grupo Roer. Publicado por primera vez en los Estados Unidos en 2010 por el Grupo Roer.

The Roer Group, Nedre Storgate 54, 3012 Drammen, Noruega

www.theleadersworkbook.com

La información de contacto del Grupo Roer se puede encontrar en:

www.roer.com

ISBN-13: 978-1456559786

Para Leo: ¡te deseo una larga y próspera vida!

Este libro está dedicado a la Cámara Junior Internacional (JCI, según sus siglas en inglés).

Los beneficios de las ventas de este libro se destinarán a la campaña de la JCI "Nothing but Nets" para combatir la malaria. ¡Gracias por su ayuda!

Contenidos

Prólogo	8
Propósito del libro	10
Cómo usar el libro	12
Tiempo para reflexionar	14
Lidérese usted mismo	**21**
Expectativas	22
Impresione al público con sus presentaciones	28
¡Contactos para tener éxito!	34
¡Atrévase a cometer errores!	40
¡Busque un mentor!	46
Desarrolle sus conocimientos	52
La fuerza física y mental	58
Lidere a los demás	**65**
Preguntas impactantes	66
El entusiasmo le alegra el día	72
¡Motive a su equipo!	78
¡Celebre sus triunfos!	84
Gestión de conflictos	90
Sea un modelo de conducta	96
Sea un mentor	102
Lidere organizaciones	**109**
Mejores Prácticas: ¿para quién?	110
Medir para bien y para mal	116
¿Cuál es su estrategia?	122
Producción eficiente	128
Programa mentor para el rescate	134
Una competencia cada vez mayor	140
Comunicarse con los interesados	146

El Autor: Kai Roer	156
Agradecimientos	158
Referencias	160

Prólogo

En calidad de líder de una red global de jóvenes ciudadanos activos, me he inspirado en líderes visionarios como Mahatma Gandhi, la Reina Rania Al-Abdullah de Jordania y Kofi Annan. Las vidas de estas personas nos muestran su duro trabajo, su pasión y su creatividad en su intento por conseguir un cambio.

Al viajar por el mundo en mi condición de presidente de la JCI, he tenido el inmenso placer de conocer en persona a miles de miembros de la JCI. He podido ver el esfuerzo que llevan a cabo, la pasión con la que trabajan nuestros miembros y las creativas soluciones que proponen a los mayores desafíos de nuestros tiempos.

Estoy convencido de que es en nuestros miembros donde se encuentra el futuro de este mundo, en las manos de jóvenes competentes y con iniciativa. Hoy aprendemos, a través de nuestro trabajo, cómo mejorar el mundo, y mañana animaremos al resto del mundo a que se una a nosotros. Esto es algo de lo que estoy profundamente convencido.

Bien es verdad que es nuestra acción colectiva la que va a cambiar el mundo, pero todo empieza por un individuo que adopte una determinada aptitud. Simplemente se trata un hombre o una mujer que decida dejar el mundo mejor de como lo encontró; es él o ella quien actúa y provoca un cambio.

En "El Manual de los Líderes", mi amigo Kai empieza con el liderazgo personal. Kai le desafía a que usted tome esa posición que marca la diferencia. Esta es la base para lograr el éxito en una organización, en una comunidad, en un país y en nuestro mundo. Tómese su tiempo para leer este libro, absórbalo poco a poco y lleve a la práctica todo lo que aprenda.

Nuestra red global de jóvenes ciudadanos activos cuenta con jóvenes líderes apasionados. Contamos con usted para crear el impacto que el mundo anhela.

Roland Kwemain
Presidente mundial de la JCI en 2010.

Propósito del libro

Este libro tiene como objetivo de proporcionarle inspiración, ideas y de actuar como un catalizador para ayudarle a crecer y desarrollarse como un líder. El libro presenta una selección de temas relacionados con el liderazgo y está estructurado en tres partes:

"Lidérese usted mismo", que se centra en las cosas que hay que hacer para motivarse y guiarse a sí mismo;

"Lidere a otros", que se centra en motivar y guiar a otros,

"Lidere organizaciones", que se centra en ofrecerle algunos consejos en el ámbito del liderazgo organizativo

Cada parte contiene siete temas.

Después de cada tema hay unas páginas en blanco. Utilice estas páginas para escribir sus propios pensamientos sobre el tema. Puede anotar sus experiencias, sus expectativas, cómo ha evolucionado a lo largo de los años, o cuáles son hoy sus impresiones acerca del tema. Solo hay una regla: es usted el que decide con qué va a rellenar esas páginas en blanco.

Al igual que en la vida misma.

Como líder, espero que usted conozca la mayoría de los temas de este libro. Creo que la mayoría de los líderes a menudo tienen que hacer frente a estos temas. También espero que usted no esté de acuerdo con algunos, o quizás con ninguno, de los temas que yo presento, así como con mi forma de presentarlos. Y pienso que eso ¡es algo genial! No creo que haya una única verdad única sobre qué es el liderazgo y qué no lo es. Y no creo que esta versión sea la única versión o la mejor. Lo que quiero lograr con este libro es el diálogo, el debate. Y sobre todo quiero que usted sea más consciente sobre cómo llevar a cabo su liderazgo, cómo tratar a los demás y qué hacer para llegar a ser un gran líder.

Creo que el liderazgo es el arte de proponerse una meta, y trabajar duro para conseguirla, algunas veces de manera individual, en otras ocasiones en grupo. También creo que su meta puede cambiar a lo largo del camino, y que usted es el único responsable para alcanzarla o no. Al fin y al cabo, no puede culpar a otros por no alcanzar su propia meta.

Mi esperanza al escribir "El Manual de los Líderes" es inspirar, atraer y motivar a líderes de todo el mundo para que marquen la diferencia. Quiero que usted reflexione y practique, considere y reconsidere, y fomente el desarrollo de aquellas habilidades que implica el liderazgo.

El primer paso ya está hecho, ya que al comprar este libro ha contribuido a marcar la diferencia en el mundo, ayudando a la Cámara Junior Internacional y a las Naciones Unidas a recaudar diez millones de dólares USA para la campaña *Nothing but Nets* de la JCI. Un esfuerzo global para luchar contra la malaria.

Y si decide utilizar el libro para sí mismo, el siguiente paso también está claro: escoja un tema, lea mi opinión sobre este y déjese inspirar por la lectura.

Tómese su tiempo para reflexionar sobre ese tema. Y después dedique algún tiempo para ponerlo en práctica.

¡Que disfrute!

Cómo utilizar el libro

Puede utilizar este libro como una fuente de inspiración, el punto de partida de un debate, un cuaderno personal de notas, un repaso de sus conocimientos o simplemente para que acumule polvo en la estantería. Considero que sacaría el máximo partido de este libro de la siguiente manera:

1. Lea un tema que le parezca interesante.

2. Reflexione sobre el tema, ya sea usando las preguntas como punto de partida o extrayendo sus propias ideas y opiniones sobre el mismo. Anote estas ideas en las páginas en blanco.

3. Ponga en práctica el tema utilizando los ejemplos dados, o usando los suyos propios. ¡Tiene dos páginas más para hacer sus anotaciones! ¡Dé rienda suelta a su imaginación y llene el libro con sus pensamientos!

Al concederse tiempo a sí mismo para analizar y reflexionar sobre el tema, se dará cuenta de que su conocimiento sobre este irá saliendo a la luz. Es posible que conozca la mayoría de los temas que he elegido para este libro. Y lo más probable es que usted, al igual que muchos otros, haya permitido que sus conocimientos se queden abandonados en una esquina de su cerebro, acumulando polvo mientras usted estaba ocupado en trabajar.

Plantéeselo.

Ser un líder requiere estar constantemente en alerta para encontrar nuevas oportunidades, conocimientos e inspiración. Las personas acuden a usted en busca de estas cosas y usted necesita buscarlas también. Este libro puede ayudarle a encontrar esa inspiración y perfeccionar los conocimientos que usted ya posee.

También puede utilizar este libro como parte de "El Taller de los Líderes", un taller diseñado para ayudar a los líderes de todo el mundo a reflexionar sobre sus habilidades de liderazgo y ponerlas en práctica. En "El Taller de los Líderes", el libro se ha de utilizar punto de partida para el debate, la reflexión y el intercambio de conocimientos.

Al final del libro he dejado algunas páginas en blanco para usted. ¡Rellénelas! Y, cuando ya no haya más espacio en este libro, ¡cómprese otro! Recuerde: ¡cada libro ayuda a combatir la malaria a través de la campaña *Nothing but Nets* de la JCI!

Tiempo para reflexionar

> Si te colocaras junto a la barandilla de un puente y te asomaras a ella, al observar el río correr lentamente por debajo, de pronto sabrías todo aquello que es necesario saber.
> Winnie the Pooh

A todos los líderes se nos dice que hay que reservar tiempo para pensar, para idear estrategias y para considerar nuestras acciones. Tiempo para reflexionar. Tiempo para reconsiderar. Tiempo para evaluar y crecer. Y todo el mundo está de acuerdo de que algo tan simple es muy importante, y reconoce que "Sí, debería tomarme más tiempo para reflexionar; de hecho me ayudaría a hacer mejor las cosas".

Sin embargo, las semanas pasan y la mayoría de nosotros no dedicamos suficiente tiempo a revisar nuestras acciones, nuestros resultados y planificar nuestras acciones futuras. A la mayoría de nosotros, de hecho, se nos olvidan estos momentos vitales, al ir siempre corriendo de una reunión a otra. Algunos de ustedes puede que sean mejores que yo, y realmente reservan tiempo en sus agendas para reunirse consigo mismos. Ese tiempo se puede utilizar para pensar, reflexionar o bien responder a e-mails. Al menos eso es lo que termino haciendo yo en esos encuentros conmigo mismo.

Me di cuenta de que tenía que cambiar la forma en que reflexionaba y los métodos que aplicaba para encontrar tiempo y hacer un alto en el camino, echar la vista atrás para recordar lo ya vivido y, al mismo tiempo, mirar hacia lo que nos deparará el futuro. Me di cuenta de un par de cosas. En primer lugar, reflexionaba más cuando no tenía intención de hacerlo, por ejemplo, cuando me iba a correr por el bosque, o cuando me quedaba atrapado en un aeropuerto, sin conexión a Internet y sin nada que hacer. En segundo lugar, me di cuenta de que un poco de inspiración me ayudaría a llegar a reflexiones más relevantes.

Parte de mi trabajo es ser una inspiración para los líderes que hay por todo el mundo. En mi opinión, solo puedo servir de inspiración si me siento inspirado. Trato de encontrar la inspiración en muchos ámbitos diferentes: en las revistas, en la tecnología, en las innovaciones, en personas, lugares y cosas que se encuentran a mi alrededor. Me parece que si me abro a estas inspiraciones, incluso a temas que normalmente consideraría extraños y lejanos a mí, estas entran en mi mente y me ayudan a apreciar más la vida, mi trabajo y las cosas que hago. Del mismo modo, si ignoro estas cosas, me aburro y resulto aburrido.

Estas observaciones hicieron que me decidiera por escribir un libro para los líderes, un libro que me inspiraría incluso a mí reflexión e imaginación. Un libro que no está escrito para enseñarle algo, sino que para servirle de inspiración para pensar, para hacer una parada, tomarse su tiempo y simplemente reflexionar sobre la manera de actuar como líder.

El resto del libro está estructurado como este capítulo: un texto breve sobre un tema relevante y después espacio, lugar y tiempo para reflexionar. Las páginas en blanco son para usted: rellénelas de garabatos, palabras y dibujos, lo que usted quiera. Después de cada texto breve hay algunas preguntas, la primera sección se llama "Reflexione". Se trata de cosas que hay que plantearse y que le ayudarán a pensar. A continuación, el siguiente apartado es "Practique". Esas preguntas son sugerencias sobre lo que podría hacer para ampliar sus conocimientos y mejorar sus acciones sobre el tema en cuestión.

¡Puede empezar ahora mismo, ya que este capítulo también sigue la misma fórmula! ¡Solo pase la página y lo verá con sus propios ojos!

Reflexione

¿Cómo encuentra tiempo para reflexionar?

¿Qué puede cambiar en su agenda para hacer posible una reflexión más profunda?

¿Cómo reflexionar y pensar más a menudo pueden ayudarle a mejorar sus resultados?

El Manual de los Líderes

PRACTIQUE

Busque un momento cada día para reunirse con usted mismo. Dedíquese al menos 30 minutos, o más si así lo desea. Durante ese tiempo, asegúrese de estar solo, sin internet, sin ordenador, solo usted y una libreta (o "El Manual de los Líderes"). Elija un tema y reflexione sobre él. Simplemente deje volar su mente.

El Manual de los Líderes

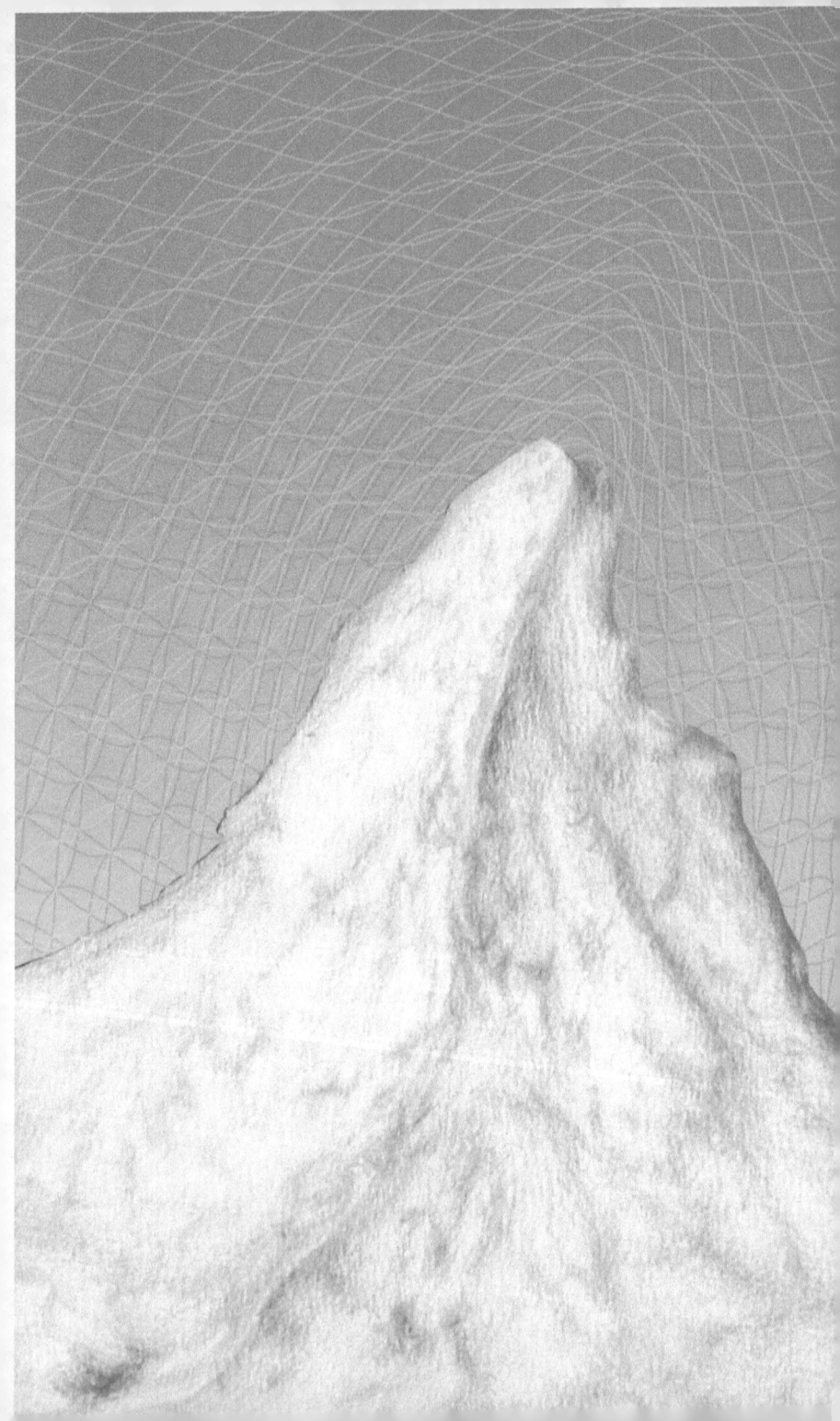

LIDÉRESE USTED MISMO

Expectativas

> Tenga un criterio de calidad. Algunas personas no están acostumbradas a un entorno en el que se espera la excelencia.
> Steve Jobs

Como líder, lo que se espera de usted es que motive a su equipo para que alcance las metas organizativas establecidas. Se espera de usted que ayude a su equipo, que siga su propio progreso y el de su equipo, y que consiga los resultados esperados.

Es probable también que su equipo espere algo de usted. Y usted espera algo de ellos. Por ejemplo, puede esperar de su equipo que lleguen puntuales, que logren resultados que para usted son importantes (tal vez incluso sin haber hablado con ellos), y que permanezcan leales a usted. Ellos, por su parte, pueden esperar que usted sea su portavoz, que se ponga de su parte en posibles conflictos, y que les ayude a alcanzar las metas de la organización.

Algunas de estas expectativas son normales, corrientes y de sentido común. Otras son personales. Algunas están explícitamente escritas como metas y objetivos. Otras expectativas no son nada explícitas, y puede incluso que no hayan salido a la luz. La mayoría de las expectativas requieren grandes habilidades psicológicas y comunicativas.

Si usted no consigue entender los diferentes tipos de expectativas que le conciernen en calidad de líder, es probable que fracase en su trabajo. Las expectativas fáciles son esos objetivos y metas. Del mismo modo, es bastante fácil entender que sus empleados esperan ser pagados y que necesitan apoyo. Pero ¿qué pasa con aquellos empleados que esperan que usted les entienda en todo momento, aún cuando es obvio que no puede leer sus mentes? O ¿qué pasa con su jefe, que parece cambiar de expectativas sobre usted como tantas veces de de ropa interior?

Los malentendidos y las falsas expectativas crean tensión, algo que puede dar lugar a conflictos. Las expectativas poco realistas pueden crear la sensación de no ser capaz de lograr resultados, y causar incertidumbre y dudas. Dudas que al principio surgen a nivel personal, pero que pronto están circulando por toda la oficina.

Cuando las expectativas están claras y se explican bien, todo es más fácil para todos. Saber lo que su equipo espera de usted le ayudará a apoyarlos de la mejor manera posible. Saber qué espera su equipo de usted le da la oportunidad de comunicarse con ellos, y así ellos pueden comprender y actuar según sus expectativas. Conocer las expectativas de cada uno elimina la tensión del grupo y hace que sea mucho más fácil trabajar juntos.

Reflexione

¿Qué expectativas tiene de su equipo?

¿Cómo comunica estas expectativas?

¿Cómo de bien las formula?

¿Cuánto tiempo dedica para hablar de sus expectativas con su equipo? ¿Y cuánto tiempo reserva para hablar de lo que su equipo espera de usted, de su trabajo y sus tareas?

LIDÉRESE USTED MISMO

LIDERE A LOS DEMÁS

LIDERE ORGANIZACIONES

Practique

Escriba lo que usted espera de su jefe (aquella persona cuyas órdenes debe seguir), de su empresa y de su equipo.

Escriba lo que usted espera de cada uno de los miembros de su equipo. Sea honesto y sincero.

Escriba lo que usted espera de sí mismo.

Escriba las expectativas que cree que sus compañeros de equipo tienen de usted.

Cuando esté listo, sería recomendable que comentara las expectativas, por ejemplo, preguntándoles a los miembros de su equipo cuáles son las suyas.

LIDÉRESE USTED MISMO

LIDERE A LOS DEMÁS

LIDERE ORGANIZACIONES

Impresione al público con sus presentaciones

> Siempre hay tres discursos por cada uno que realmente se da. El que se practica, el que se da, y el que se desearía haber dado.
> Dale Carnegie

Todo líder hace presentaciones. Sí, usted también las hace: en las reuniones, en los cara a cara, cuando informar a sus directivos, cuando explica las tareas y las expectativas a su equipo, y en muchas otras situaciones. Muchos líderes les tienen pánico a las presentaciones en público y parecen olvidarse que la mayor parte de su trabajo está relacionada con la comunicación. Lo bueno de las presentaciones es que presentar es fácil de aprender.

La clave para una gran presentación es entender realmente el resultado que usted desea para con su público. Ha de ser muy claro sobre lo que ellos deberían aprender a raíz de su presentación. Usted tiene que comprender e interiorizar cuál es su objetivo, qué resultado es el que desea. También es muy útil conocer las perspectivas del público. Cuanto más sepa acerca del destinatario, más fácil le resultará adaptar y ajustar el contenido y así lograr dar en el blanco. Y cuanto más cercano sea su discurso, más fácil será que su público comprenda lo que usted le comunica, y más fácil será convencerle.

Toda su presentación debe centrarse en ayudar al público a pasar, de una forma muy inteligente y sutil, de su situación actual al resultado deseado. Todo lo que les dice debe ayudarles a avanzar un paso más hasta llegar a la comprensión.

Hay muchísimos recursos para aprender cómo hacer presentaciones. Un ejemplo es la Cámara Junior Internacional, la organización de desarrollo de liderazgo a la cual este libro está dedicado. También puede asistir a cursos en universidades y escuelas. Puede leer mucho sobre el tema, tanto en internet como en libros. No importa de dónde obtenga las nociones básicas ya que, al fin y al cabo, las grandes presentaciones se reducen a dos cosas:

- Preparación y

- Práctica

En pocas palabras, cuanto más preparado esté y cuanta más práctica tenga, ¡mejor va a salir su presentación!

REFLEXIONE

¿En qué situaciones hace presentaciones actualmente?

¿Cómo se preparara?

¿Qué puede cambiar con el fin de perfeccionar su mensaje para dar justo en el blanco?

¿Cómo crea intenta impresionar a su público actualmente?

LIDÉRESE USTED MISMO

LIDERE A LOS DEMÁS

LIDERE ORGANIZACIONES

PRACTIQUE

La próxima vez que realice una presentación (en una reunión o en cualquier otra situación), utilice la lista de control para prepararla.

Acostúmbrese a utilizar la lista de control para cualquier presentación que haga. Cuánto más la utilice, más fácil le resultará.

Lista de control para las presentaciones:

1. *¡Fije su objetivo!*
2. *¡Capte la atencio' ón del público!*
3. *Determine el método: elija la estructura y los medios que va a utilizar para la presentación.*
4. *Tome a su público de la mano y llévelo hasta el objetivo*
5. *Obtenga su aprobación.*

¡Contactos para tener éxito!

> La clave para un liderazgo exitoso hoy en día está en la influencia, no en la autoridad.
> Kenneth Blanchard

Tener una red de contactos es el arte de poder contactar o recurrir con otras personas. Todo el mundo tiene redes de este tipo, conservando el contacto con familiares, amigos y compañeros. Llevar esta lista de contactos a un nivel superior, por lo general, resulta muy útil para los líderes, para reunirse y comunicarse con sus compañeros en diferentes áreas, sectores y organizaciones.

El propósito de tener una red de contactos es ampliar su propio horizonte, adquirir conocimientos, relaciones y confianza. Cuanta más gente conozca, más probabilidades hay de que usted obtenga información de gran relevancia antes que otros. Y cuanto más diversa sea su red de contactos, más probable es que la información obtenida abarcará un marco cada vez más amplio. Cuanta más información tenga a mano, más fácil le resultara tomar la decisión adecuada.

Además, una red muy grande le permite actuar más rápido y obtener ayuda en cuanto la necesite.

Hay muchos ámbitos donde se desarrollan redes de contactos. Las organizaciones estudiantiles tienden a crear importantes redes y de larga duración. También, las organizaciones de liderazgo como la Cámara Junior Internacional ofrecen una gran plataforma para que los jóvenes líderes puedan crecer y aprender. Por otra parte, en los congresos, clubes deportivos locales, organismos industriales, grupos de interés y organizaciones políticas, también se dan redes de contactos de este tipo. En definitiva, cualquier lugar donde se pueda conocer a gente, es una ocasión para hacer contactos.

Hace algunos años, en el Reino Unido, la Sra. Johnson quería conseguir un trabajo en una empresa dirigida por un famoso director. Ella quería trabajar directamente con él y sabía que tenía que conseguirlo. Pasó meses tratando de ponerse en contacto con el director, pero no tuvo nada de suerte. Pidió consejo y le dijeron que buscase contactos fuera del trabajo para poder conocerle e impresionarle. Unas semanas más tarde, se enteró de que el consejero delegado también era miembro de la junta de la escuela de su hijo. En las siguientes elecciones de la junta, ella se presentó y fue elegida. Estuvo colaborando durante 14 meses en la junta con el jefe, quien acabó tan impresionado con ella que, finalmente, acabó ofreciéndole un trabajo como gerente de recursos humanos en su empresa.

Consejo: lleve su "rollo típico del ascensor" y su tarjeta de visita a todos los lugares a los que vaya. Sea eficaz a la hora de presentarse y muestre interés en la otra persona haciéndole preguntas. Es increíble como su interés en la otra persona crea vínculos, aumentando así la curiosidad de la otra persona por usted.

REFLEXIONE

¿Cómo establece contactos actualmente?

¿Cómo de efectiva es su red de contactos?

¿Qué técnicas para establecer contactos aplica actualmente?

¿Qué puede hacer para mejorar a la hora de establecer redes de contactos?

¿Tiene preparado su "rollo típico del ascensor"?

LIDÉRESE USTED MISMO

LIDERE A LOS DEMÁS

LIDERE ORGANIZACIONES

Practique

Si usted todavía un "rollo típico del ascensor", prepárelo. Si lo tiene, revíselo. Asegúrese de que contiene información sobre quién es, de manera que despierte interés por usted.

Prepare una serie de preguntas que plantear a la otra persona, para descubrir áreas comunes de interés y para hacer que la otra persona hable de sí mismo.

Haga una lista de lo que usted está buscando (ofertas de trabajo, información, personas, destrezas, herramientas, sistemas o cualquier cosa que necesite), y una lista similar de lo que usted puede ofrecer. Estas listas son muy útiles cuando se encuentre con posibles contactos profesionales que pueden preguntarle: "¿Qué puedo hacer por usted?".

¿Qué puedo hacer por usted?

¡Atrévase a cometer errores!

> Quien nunca ha cometido un error nunca ha probado nada nuevo.
> Albert Einstein

Probar y equivocarse: si no se comenten errores, ¿cómo se puede aprender?

Muchas personas parecen tener miedo a cometer errores. Y teniendo en cuenta nuestra sociedad, donde se nos tacha de tontos cuando cometemos un error, y donde nos convertimos en el hazmerreir de todos cuando a veces las cosas no salen según lo planeado, no es tan raro que intentemos evitar cometer errores.

El mundo del trabajo actual está lleno de innovación. Innovar, o intentar algo nuevo, es uno de los motores empresariales más importantes. Todos los productos que nos rodean son el resultado de la innovación. Muchos de ellos son el fruto de una serie de errores, hasta que el inventor finalmente acierta.

Lo curioso de la innovación es que a veces surge por casualidad. En algunos casos se obtiene algo completamente diferente a lo que se esperaba, creando así algo nuevo. Algunos ejemplos son las notas adhesivas Post-it, la plastilina, la penicilina y los copos de maíz.

Imagine cómo su organización se quedaría atrás si usted no aceptara, permitiera o dejara espacio para errores y faltas. Si desea una buena organización, la innovación es algo vital. Y la innovación se obtiene a partir de nuevas ideas, intentando nuevas maneras de hacer las cosas. Y probar algo nuevo, tarde o temprano, puede dar lugar a errores. Aceptar esos errores, y aprender de ellos, creará un fuerte ambiente común de confianza y respeto, dando lugar a una mayor innovación y, por tanto, a mejores resultados.

¡REFLEXIONE!

¿Cómo puede aprender de sus errores?

¿Qué resultados espera al permitir que su organización aprenda de los errores?

¿De qué manera puede hacer que su equipo aprenda de los errores que comete y de los errores cometidos por su organización?

Practique

Recuerde tres actividades que alguna vez en el pasado ha evitado por miedo a fracasar. Haga una lista de sus motivos para evitar esas actividades. Realice una segunda lista de motivos por lo que hacer esas actividades.

En cuanto tenga la primera oportunidad, realice una de las actividades de la lista, incluso si fracasa en el intento. Si es así, inténtelo de nuevo. Continúe hasta superar con éxito esa actividad. Antes de cada reintento, tenga en cuenta lo que ha hecho, lo que ha pasado, y lo que puede cambiar con el fin de lograr el resultado deseado.

Si fracasa, inténtelo de nuevo.

¡Busque un mentor!

> Las virtudes, como las Musas, van siempre en grupos. Un buen principio nunca fue encontrado aislado en las mamas.
> Buda

Crecer como persona, y por tanto como líder, se puede hacer solo. Pero para alcanzar su máximo potencial, necesita a alguien que le ayude. Si alguien le hace las preguntas oportunas, es su luz en la oscuridad y le da consejos y una segunda opinión cuando se encuentre en una encrucijada, su percepción se ampliará.

Llamemos a esta persona Mentor, alguien a quien puede acudir cuando lo necesite, alguien en quien confiar y contarle sus cuestiones y retos personales. Lo más probable es que, a lo largo de su vida, haya conocido a varias personas que pudieron haber hecho de mentor para usted: un tutor, un amigo, miembro de la familia, alguien a quien se ha dirigido en algún momento. Dependiendo de su cultura, también puede ser que haya tenido un mentor profesional, alguien que encontró a través de un programa de asesoramiento profesional o a través de una organización de desarrollo del liderazgo.

La utilidad de tener un mentor es contar con alguien que le ayude a desarrollarse como un líder y como persona. La mayoría de nosotros tenemos varios mentores y los cambiamos con el paso del tiempo, dependiendo de dónde nos encontremos y qué estemos buscando en ese momento de nuestra vida. Algunos mentores permanecen con nosotros más tiempo que otros, convirtiéndose en grandes amigos con el paso de los años.

En el momento en que uno se da cuenta del gran valor de estos consejeros, empieza a buscarlos. Y entonces, ¡comienzan a aparecer por todas partes! Otros líderes pueden ser grandes mentores, así como los padres. Por su parte, los jóvenes son mentores increíblemente buenos para las personas mayores, sobre todo en este mundo en el que aparentemente todo cambia a cada minuto. Y, por supuesto, las personas mayores son grandes mentores para los jóvenes.

Por lo general podemos afirmar que existen dos tipos de mentores: mentores a largo plazo y mentores a corto plazo.

Al primer grupo pertenecen los mentores que sirven para hacernos crecer como líderes y como personas con el tiempo.

Al segundo grupo pertenecen los mentores a los que acudimos cuando tenemos un desafío concreto en mente. En este último grupo se encuentran los expertos en la materia y personas con experiencia personal a quienes pedimos consejo.

Reflexione

¿Quiénes son sus mentores?

¿De qué le han servido sus mentores?

¿Quién sería un gran mentor para usted?

¿En qué medida han colaborado sus mentores en el logro de sus éxitos?

LIDÉRESE USTED MISMO

PRACTIQUE

Haga una lista de tres personas que serían mentores perfectos para usted. Explique por qué. Recuerde que cuanto más alto aspire, ¡más alto se puede llegar!

Decida la forma y el momento de contactar con cada uno de los mentores de su lista. Póngase en contacto con cada mentor de la lista y pídales que sean su mentor.

Luego, ¡comience a sacar provecho de ellos!

LIDÉRESE USTED MISMO

LIDERE A LOS DEMÁS

LIDERE ORGANIZACIONES

Desarrole sus conocimientos

> Cuando dejas de cambiar, estás acabado.
> Benjamin Franklin

En el mundo del trabajo actual, el conocimiento es la clave. Independientemente del tipo de liderazgo que esté llevando a cabo, necesita nuevas inspiraciones y nuevas ideas para cuestionar los paradigmas existentes. No olvide: necesita nuevos conocimientos para llegar al *status quo*, que tiende a volverse más y más inflexible cuanto más repetimos nuestras acciones. Necesita nuevas inspiraciones para no hacerse esclavo de la rutina.

Garantizar su desarrollo personal es su responsabilidad. Estar actualizado en cuanto al liderazgo es algo que tiene que hacer usted mismo, no es algo que deben hacer los demás por usted..

Hay muchas estrategias que pueden llevar a cabo para cultivar sus conocimientos y su experiencia como líder. Hay cursos de formación que abarcan muchos niveles, desde clases de especialistas sobre temas específicos, hasta másteres universitarios y programas de doctorado. También existen organizaciones que se centran en el desarrollo del liderazgo, además de otras muchas opciones como los programas de tutorías, formación personal, círculos y mesas de debate. Y por supuesto están los libros e Internet.

Mi opción favorita es recopilar nuevas ideas y combinarlas con la práctica, aplicándolas en la vida real. A veces me parece que una nueva idea realmente funciona, otras veces parece no lograr su objetivo en absoluto. Independietente de cuáles sean los resultados, dedico mucho tiempo a reflexionar sobre qué ha funcionado y qué no ha funcionado y sobre cómo he conseguido esos resultados.

Personalmente, necesito esta repetición del aprendizaje para con el fin de comprender los mecanismos aplicados y darme cuenta de cómo puedo modificar las técnicas para lograr resultados aún mejores.

A veces observo que las nuevas ideas no funcionan en absoluto. Entonces, reviso lo que he hecho para ver si la primera idea era buena y, luego, tengo en cuenta las posibles diferencias entre culturas, prácticas y otras áreas que pueden interferir con los resultados previstos. Además, trato de ser lo suficientemente humilde como para aceptar que he cometido un error, ya sea por no comprender bien la idea, o por no llevarla a cabo adecuadamente.

REFLEXIONE

¿En qué ámbitos adquiere usted nuevos conocimientos?

¿Cómo adquiere esos nuevos conocimientos?

¿Hasta qué punto separa su conocimiento del liderazgo de sus otras competencias?

¿Cuáles son sus estrategias para el desarrollo personal?

LIDÉRESE USTED MISMO

LIDERE A LOS DEMÁS

LIDERE ORGANIZACIONES

PRACTIQUE

Examine sus objetivos personales como líder. ¿Qué desea lograr como líder? ¿Cómo puede aumentar su competencia para alcanzar su objetivo?

¿Qué organizaciones de desarrollo del liderazgo existen en su región? Haga una lista de al menos tres e infórmese de qué ofrecen.

Asista al menos a una reunión de cada una de las organizaciones, y haga una lista de tres aspectos que le ofrece cada una de estas para su desarrollo personal.

Solicite ser miembro de la organización que le resulte más interesante para usted y para sus metas personales.

Fuerza física y mental

> Confía en la propia fuerza de su cuerpo y de su alma. La energía, la determinación invencible junto con el motivo correcto son las palancas que mueven el mundo.
> Noah Porter

Ser un líder puede, a veces, resultar muy estresante. No hay forma de evitarlo. Pero hay maneras de reducir el impacto que el estrés tiene sobre nosotros. Uno de los métodos más importantes para mitigar el estrés es cuidar de su principal activo: ¡Usted!

A algunos de nosotros nos gusta obligar a nuestros cuerpos a sufrir el dolor de maratones y triatlones. Otros están día y noche en el gimnasio, pasando más tiempo allí que con sus familias. No creo que esto sea aplicable a todos. No creo que tenga ningún sentido obligarse a hacer cosas con las que uno no se siente cómodo, a menos que sea con el fin de crecer y desarrollarse, por supuesto.

Sin embargo, mantener en forma cuerpo y mente es la inversión más fácil y barata que uno puede hacer. No hace falta tanto: se puede hacer mucho simplemente saliendo a pasear 30 minutos al día. La cuestión es: ¿cómo hacer un hueco, de 30 minutos, en su apretada agenda? No hay límites a la hora de resolver ese gran enigma. Aquí le propongo algunas sugerencias: si coge todos los días un medio de transporte, pare una o dos estaciones antes de la habitual, y vaya andando hasta su destino; use las escaleras en lugar del ascensor; use la bicicleta en lugar del coche para ir a trabajar; o aparque el coche a dos manzanas de su oficina.

Conozco a líderes que reconocieron la necesidad (propia y de sus equipos) de hacer ejercicio físico. Además se conocían realmente bien y sabían que si no hacían algo con su motivación, nunca conseguirían formar una organización de personas en buen estado de salud.

Solucionaron el problema de su motivación, con creatividad y gracias a la participación de todo el equipo, del siguiente modo: hicieron un hueco en su rutina diaria hacer ejercicio físico, midiendo cada semana las distancias que habían caminado, corrido o recorrido en bicicleta, y contando cuántos minutos habían gastado en la actividad física. Llegaron incluso a entregar pequeños premios para motivarse más. También empezaron a comer alimentos saludables y platos equilibrados en los almuerzos.

Tan solo unas semanas después, todo el equipo había cambiado. Se redujeron las bajas por enfermedad; desaparecieron la apatía y el pesimismo; y la productividad aumentó de manera espectacular.

Reflexione

¿Qué hace para tener buena salud?

¿Cuál es su plan para mantenerse sano con el paso de los años?

¿Qué puede hacer ahora para mejorar su salud física y mental?

PRACTIQUE

Piense en cómo puede compaginar su agenda con su desarrollo físico y mental. Si usted no tiene un plan, hágase uno. Si lo tiene, busque la forma de mejorarlo.

Trate de trazar un plan equilibrado que se centre tanto en su desarrollo físico como mental.

Haga una lista de tres temas que siempre quiso conocer mejor y trate de introducirlos en su plan. ¡Recuerde que incluso 30 minutos a la semana es un gran progreso mejora en comparación con cero minutos!

LIDÉRESE USTED MISMO

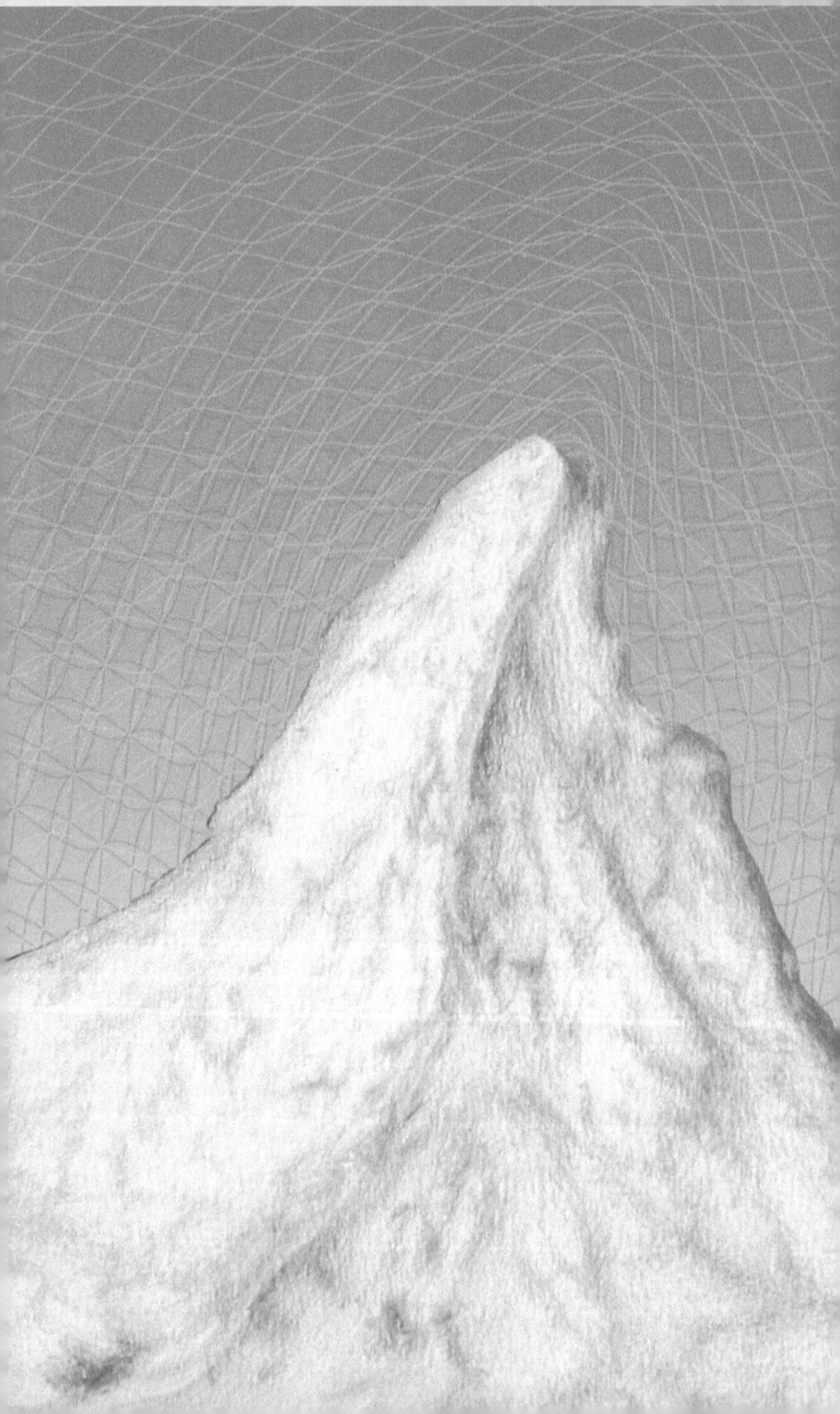

LIDERE A LOS DEMÁS

Preguntes impactantes

> Liderazgo: es el arte de conseguir que alguien haga algo que usted quiere que se haga pero porque él quiere hacerlo.
> Dwight D. Eisenhower

Una de las mayores diferencias entre los buenos líderes y los grandes líderes es el hecho de que los grandes líderes utilizan preguntas en lugar de respuestas cuando se comunican. Y no cualquier pregunta, los grandes líderes utilizan las Preguntas Impactantes.

Las preguntas impactantes son las famosas Quién, Cómo, Cuándo, Dónde, Qué y, en algunas ocasiones, Por qué.

Las preguntas impactantes son abiertas y neutrales. Si se usan adecuadamente, permiten una excelente comunicación, dando a los demás participantes la posibilidad de reflexionar y mostrar una mayor sabiduría en sus respuestas.

¿Por qué esto es algo importante? En primer lugar, usted, el líder, obtiene respuestas de mejor calidad. Y lo que es más importante, usted puede potenciar su organización, permitiendo a los miembros buscar sus propias respuestas, profundizando en sus propias mentes. Esas respuestas pueden ser diferentes a las que usted ya conoce, lo que le permite a usted, a su organización y a sus empleados crecer y aprender.

Tenga cuidado con la pregunta Por qué. Es una pregunta muy fácil de hacer. El problema es que quien contesta, adopta automáticamente una posición de defensa (la pregunta Por qué se asocia por lo general al sentimiento de culpa): "Debo haber hecho algo mal, ya que me está preguntando por qué". Y en cuanto estemos a la defensiva, tendemos a sentirnos menos seguros y esto reduce la confianza entre los comunicadores.

Hacer buenas preguntas es algo fundamental: tenga en cuenta que usted tiene dos orejas y tan solo una boca, lo qué implica que debería pasar más tiempo escuchando que hablando. Escuchar activamente las respuestas a sus preguntas impactantes le permite destacar en cualquier conversación. A continuación se muestra una lista de sugerencias para destacar:

- Utilice las preguntas impactantes

- Escuche más de lo que habla

- Intente comprender

- Reformule y repita

- Pida una aclaración en caso de duda

Consejo: trate de reformular la pregunta Por qué empezando con "Qué es lo que ha hecho que usted...", "Usted cómo que...", "Eso cómo que...".

¡Reflexione!

¿Cómo puede mejorar su destreza a la hora de hacer preguntas?

¿Cómo utiliza las preguntas en sus conversaciones actualmente?

¿Qué técnicas puede aplicar para mejorar la forma de utilizar preguntas en su organización?

LIDERE A LOS DEMÁS

Practique

Revise las preguntas que va a usar esta semana. A lo largo de la semana, apunte todas las preguntas que usted hace, y cómo las formula. Considere qué preguntas utiliza en qué momento y en qué situación.

Al final de la semana, revise las preguntas y reflexione sobre cómo se pueden reformular para que sean neutrales y abiertas, para darle protagonismo al otro interlocutor de la conversación.

¡Utilice el espacio en estas páginas para escribir sus propios modelos de preguntas, para que pueda revisarlas y recordarlas más adelante!

LIDERE A LOS DEMÁS

El entusiasmo le alegra el día

El sentido del humor forma parte del arte del liderazgo, de llevarse bien con la gente, de hacer bien las cosas.
Dwight D. Eisenhower

¿Se ha preguntado alguna vez qué es lo que hace que algunos departamentos, grupos y personas destaquen? ¿Qué hace que algunos parezcan tan felices, tan contentos y tan exitosos? Trate de acordarse de cuando usted iba a la escuela: lo más probable es que tuviese un profesor que realmente destacaba del resto. Recuerde sus trabajos anteriores: ¿a qué personas conoció que le alegraran el día?

Para algunos, ¿quizás sea usted esa persona?

Lo que diferencia a esas personas del resto es su pasión. La pasión por el tema en cuestión, por su trabajo, por todo lo que hacen. Cuando habla con ellos, realmente parecen que están ahí, presentes, concentrados únicamente en usted y en la conversación. Parece que son capaces de conectar con usted de algún modo. Y además, parece que lo saben y también a ellos les gusta.

Además, suelen concentrarse en lo que están haciendo, haciendo lo correcto justo en el momento oportuno. Muchas de estas personas parecen contar con mucha información y son capaces de aplicarla al tema y al objetivo en cuestión y ver las cosas con otros ojos.

Si se les pregunta cómo pueden llegar ser tan apasionados, tan participativos, tan capaces de atar cabos, ellos tienden a responder: "Porque quiero", o "Porque debo".

Esta respuesta contiene mucho saber. Ellos saben que el entusiasmo y la pasión son una elección. Y con la elección viene la responsabilidad. Es su vida, su equipo, su responsabilidad. Es su elección divertirse, ser participativo, permitir que su pasión salga a la luz y esté presente en todo lo que hace.

¡Reflexione!

¿Cómo puede crear una organización que prospere y reine la felicidad al mismo tiempo?

¿Qué puede hacer en este mismo momento?

¿Cómo de divertido es trabajar en su organización actualmente?

¿Dónde reside actualmente el entusiasmo?

PRACTIQUE

Analice la actitud que va a adoptar usted esta semana. Durante esta semana, ¡trate de vivir de una manera más apasionada!

Al final de la semana, revise su actitud y considere que esto lo puede hacer todas las semanas y todos los días para motivar así a los demás en su trabajo.

LIDERE A LOS DEMÁS

¡Motivate a su equipo!

> *El mejor ejecutivo es aquél que tiene suficiente criterio para escoger hombres buenos que hagan lo que él quiere que se haga, y suficiente autocontrol para no entrometerse mientras lo hacen.*
> Theodore Roosevelt

La motivación es el arte de hacer que la gente haga lo que usted quiera. Por lo general, se trata de algún tipo de incentivo, una caramelo o una bofetada, a veces las dos cosas El desafío es adaptar los incentivos a los objetivos y a la personalidad del miembro del equipo que se desea motivar. Este reto se hace más evidente que nunca cuando, en un corto periodo de tiempo, hay demasiados proyectos a la vez y pocos recursos. Los resultados son a menudo falta de motivación, falta de interés y desajuste entre la competencia personal y los desafíos.

Como líder, ha de centrar su atención en crear la máxima motivación posible en cada uno de sus empleados.

Nosotros creemos fielmente en la intensificación de lo positivo, es decir la motivación basada en el reforzamiento de una aptitud positiva. En la práctica, esto significa recurrir más veces al caramelo que a la bofetada. La intensificación lo positivo requiere un diferente grado de implicación por parte de usted ya que como líder tiene que ver a cada individuo precisamente así, como una persona individual, con su propia motivación y forma de razonar.

Estudios han demostrado que las críticas acaban con la motivación. Basta con echar la vista atrás, recordando algún momento en que haya recibido un comentario negativo. ¿Qué es lo que siente?

El secreto de la motivación no es ser negativo, ni demasiado positivo, sino saber aplicar a cada actividad las destrezas adecuadas.

Se han obtenido grandes resultados descubriendo la motivación personal de cada empleado, para después adaptarla con los objetivos de la organización. Este método crea un camino común, donde cada uno de los miembros del equipo entiende su propia motivación, la motivación de la organización y cómo el objetivo y las ideas de la organización (o proyecto) le ayudarán, a cada uno de ellos, a alcanzar sus objetivos personales.

REFLEXIONE

¿Cómo motiva a su equipo?

¿Qué es exactamente lo que hace para adaptar los intereses personales de los miembros del equipo con los de su organización?

¿Cómo motiva a su equipo cuando hay cortos plazos de tiempo u otras condiciones adversas?

PRACTIQUE

Trate de conocer la motivación personal y los intereses de los miembros de su equipo. Para hacerlo, deberá prestarles atención y hacerles preguntas abiertas y neutrales (y escuchar sus respuestas...).

Busque la manera de que al menos tres de sus intereses y motivaciones encajen con las metas y objetivos de su organización para los proyectos que se estén llevando a cabo.

Trabaje con los empleados para ajustar los objetivos de la organización con sus objetivos personales.

¡Continúe prestando especial atención a este punto!

¡Celebre sus triunfos!

¡Terriblemente genial!
Steve Jobs

Acaba de conseguir el contrato por el que usted y su equipo han luchado durante los últimos 6 meses. ¿Qué hace? ¿Va a salir a celebrarlo con su equipo? ¿Va a organizar una fiesta especial donde pueda compartir su gratitud y donde todo el mundo se divierta?

A veces estamos demasiado ocupados como para dedicar tiempo a celebrar los grandes y pequeños triunfos. Muchas veces simplemente aceptamos nuestros logros y nos lanzamos a trabajar para conseguir el siguiente, dando lugar a una carrera interminable por lograr una victoria que nunca alcanzaremos, ya que nunca nos detenemos para disfrutar de los logros que hemos conseguido.

Este tipo de comportamiento crea una sensación de agobio que parece no tener fin, y todas nuestros triunfos terminan siendo detalles de poca importancia a los que no prestamos especial atención.

Como líder, usted podría (o por lo menos debería) dejar lugar para la celebración de estos triunfos. Debería dedicarse tiempo a usted mismo, así como a su equipo para apreciar el éxito, y considerar lo que ha hecho posible que el éxito fuera un éxito. Al hacerlo, enseñará a su equipo que el éxito es algo que nos importa, que deseamos. De esta forma, también ayuda a crear una organización de intercambio de conocimientos donde se comparten las medidas adoptadas para alcanzar ese triunfo, y se crea un modelo de incentivos que demuestra su compromiso por recompensar el éxito.

En resumen, ¡celebrar los éxitos es una muy buena forma de motivarse usted y a su equipo!

Hay muchas maneras de celebrar un triunfo: 10 minutos de descanso para tomar un café con galletas puede resultar económico y eficaz; una tarta para el postre también funciona muy bien. Para las grandes victorias, estaría bien organizar una cena con el equipo o una fiesta. De usted depende qué celebrar y cómo hacerlo.

REFLEXIONE

¿Cómo se celebran los triunfos en su organización actualmente?

¿Qué es lo que usted hace exactamente para mostrarle a su equipo su agradecimiento por los éxitos logrados?

Practique

Analice los resultados de su equipo y diseñe un modelo de celebración con tres niveles distintos: pequeños Triunfos, medianas Victorias y Grandes Logros. Para cada uno de los niveles, incluya al menos tres resultados/triunfos diferentes que puedan dar lugar a una celebración.

Para cada uno de los tres niveles, añada tres tipos de celebraciones que puede utilizar cuando logra un resultado.

Póngalo en práctica en su equipo durante los próximos seis meses. Tome nota de los resultados en estas páginas.

LIDERE A LOS DEMÁS

Gestión de conflictos

Supongo que hubo un tiempo en que liderazgo significaba fuerza, pero hoy significa llevarse bien con la gente.
Mohandas K. Gandhi

Los conflictos parecen estar en todas partes. Los conflictos generan un alto nivel de estrés y tienden a hacer que la gente se sienta mal. Parece que a algunas personas les gustan los conflictos y que están siempre buscando oportunidades para no estar de acuerdo, o lo que es peor, para hacer quedar mal a los demás. Tener a alguien así en su organización puede crear más situaciones negativas que positivas.

De hecho, la gestión de los posibles conflictos puede ser una tarea difícil. Hay algunas claves para reducir los conflictos. Considere la confianza y el respeto pilares básicos. Escuche en lugar de centrarse únicamente en sus propias opiniones. Otro consejo es buscar similitudes y puntos en común, en lugar de diferencias y brechas.

Si usted está en una situación de conflicto, tiene distintas opciones: las decisiones que tome pueden aumentar el conflicto, o bien buscar una solución.

Al igual que sucede con todo tipo de comunicación, cuanto más preparado se encuentre, más posibilidades tendrá de encontrar una solución adecuada para todas las partes. A veces surgen conflictos inesperados y no da tiempo a prepararse. Cuando esto ocurre, es muy importante comprender bien los conflictos, cómo estos afectan a las partes y a la comunicación, y por supuesto, cómo estos le afectan a usted y a su comportamiento. Evite los chantajes emocionales, y trate de comprender las verdaderas causas del conflicto: ¿es simplemente un malentendido, es falta de información, es un choque cultural?

Toda solución en la que hay ganadores y perdedores no es una buena solución, aunque sea el ganador. Las mejores soluciones son aquellas en las que todas las partes están contentas con los resultados. Este tipo de soluciones pueden parecer muy difíciles de conseguir, e incluso imposibles. Sin embargo, si todas las partes lo intentan, es más probable alcanzar resultados que beneficien a todos.

Reflexione

Piense en un conflicto del pasado. Recuerde las distintas partes en el conflicto (por lo general, hay más de dos). Recuerde las causas del conflicto, de ambas partes.

Recuerde la solución encontrada. ¿Benefició a ambas partes? ¿Quién salió ganando?

Y lo más importante: piense en distintas soluciones que podrían haber hecho llegar a un trato mejor y poner fin al conflicto.

LIDERE A LOS DEMÁS

PRACTIQUE

Prepare un plan para la gestión de conflictos. Este debería incluir pasos para reunir información suficiente, para fomentar el entendimiento, y estrategias para encontrar soluciones beneficiosas para todos.

Debata con otra persona sobre cómo tratar los conflictos.

Tenga en cuenta sus métodos y decida si, para usted, son importantes.

LIDERE A LOS DEMÁS

Sea un modelo de conducta

Delegar el trabajo siempre funciona, siempre que el que delega el trabajo también trabaje.
Robert Half

Cuando se dispone a conquistar el mundo, es fácil desanimarse ante los desafíos que tiene que enfrentar. Algunas veces, tomar un atajo nos parece algo razonable. Otras veces nos enteramos de que alguien ha conseguido un gran contrato solo por sobornar a la persona que decide para quién es el puesto. En ocasiones, puede encontrarse en una situación en la que tenga la tentación de saltarse las reglas e improvisar sobre la marcha.

Como líder, su equipo y su organización le están siempre observando. Le miran a usted, una y otra vez, pidiéndole consejos sobre cómo resolver sus problemas cotidianos. Le miran aunque no le lleguen a preguntar su opinión. Y lo que es más importante, suelen mirarle más de lo que le escuchan. El siguiente dicho refleja claramente esta situación:

"¡Haz lo que digo, no lo que hago!"

Y:

"¡Predica con el ejemplo!"

La gente suele escuchar lo que usted les dice hasta cierto punto. Sin embargo, so usted dice una cosa y hace justo lo contrario, primero se sentirán frustrados, y luego comenzarán a imitarle a usted y lo que sea que esté haciendo. Y pronto toda la organización estará llena de gente que hace lo que usted hace, en vez de hacer lo que usted dice.

Cuando se trata de promociones, esto adquiere una importancia mayor. Supongamos que usted quiere fomentar las conductas éticas en su equipo de ventas. Usted les dirá continuamente a sus vendedores que se centren en lo que el cliente desea y necesita, y que ofrezcan calidad en todo momento.

Sin embargo, a cada fin de mes, usted llamará y felicitará a Bill, el vendedor con el mayor número de ventas, pero también con el doble de quejas con respecto a cualquier otra persona de su equipo de ventas.

REFLEXIONE

¿Usted hace lo que dice?

¿Hace lo que manda hacer a su equipo?

¿O su comportamiento no coincide con su predicación?

¿Cómo influye usted en su organización?

¿Qué puede hacer para ser más claro en su papel de líder?

LIDERE A LOS DEMÁS

Practique

Piense en tres modelos de conducta fuera de su organización, personas que sin duda predican con el ejemplo.

Piense en tres modelos de conducta dentro de su organización, que usted piense que estén haciendo un gran trabajo.

Analice los dos grupos de personas y dese cuenta de las estrategias que utilizan para ser modelos de conducta de la forma más clara y consciente posible.

LIDERE A LOS DEMÁS

Sea un mentor

Si tienes conocimiento, deje que los demás enciendan sus velas en él.
Margaret Fuller

Como líder, usted es una inspiración para quienes le rodean. Puede que, al principio, no se dé cuenta de que es un líder. Aún así, lo es. Algunos miembros de su equipo, o de algún otro equipo, le observan con admiración y quisieran saber cómo pueden ellos tener el mismo éxito que usted.

Usted puede ayudar a sus admiradores a tener éxito compartiendo con ellos sus secretos, a través de consejos y sugerencias. Puede ayudarles a crecer y desarrollarse, simplemente siendo usted mismo. Compartir competencias, ideas, consejos y sugerencias no requiere mucho tiempo. Media hora a la semana suele ser ¡suficiente para ayudar a una persona. Y no es necesario escribir un libro, o hacer esfuerzos de ese tipo. Todo lo que tiene que hacer es sentarse, hablar y tal vez hacer algunas preguntas.

Y al igual que pagándoles una buena suma de dinero, compartir su tiempo y puntos de vista con ellos hace que usted destaque. Aquellos que buscan sus consejos y los terminan recibiendo, se lo agradecerán y valorarán tanto su tiempo como sus conocimientos. Usted les ayuda a tener éxito y al hacerlo crece como persona, como líder y como fuente de inspiración. Se convierte en alguien a quien otros acuden en busca de consejos e ideas.

Ser un mentor le aporta todo esto y mucho más. Y convertirse en mentor no es tan difícil. Puede participar en programas de mentores, o aún más fácil, ayudar a la gente cuando necesite su ayuda.

Ser un mentor ayuda a sus aprendices pero otra ventaja añadida es que usted también puede aprender mucho, a partir de los desafíos que le plantean sus aprendices, de sus decisiones y de sus soluciones. También puede aprender más sobre sí mismo, e incluso hacer buenas amistades para toda la vida.

Para sacar el máximo partido del hecho de ser un mentor, recomiendo que ambas partes estén de acuerdo en esto y que dediquen el tiempo necesario para alcanzar los resultados deseados.

REFLEXIONE

Considere los beneficios de ser un mentor.

Enumere tres razones para ser un mentor.

Considere cómo puede ser un gran mentor para aquellos que le rodean.

LIDERE A LOS DEMÁS

PRACTIQUE

Busque a alguien con quien pueda hacer de mentor. Puede ser un compañero de trabajo, un familiar u otra persona.

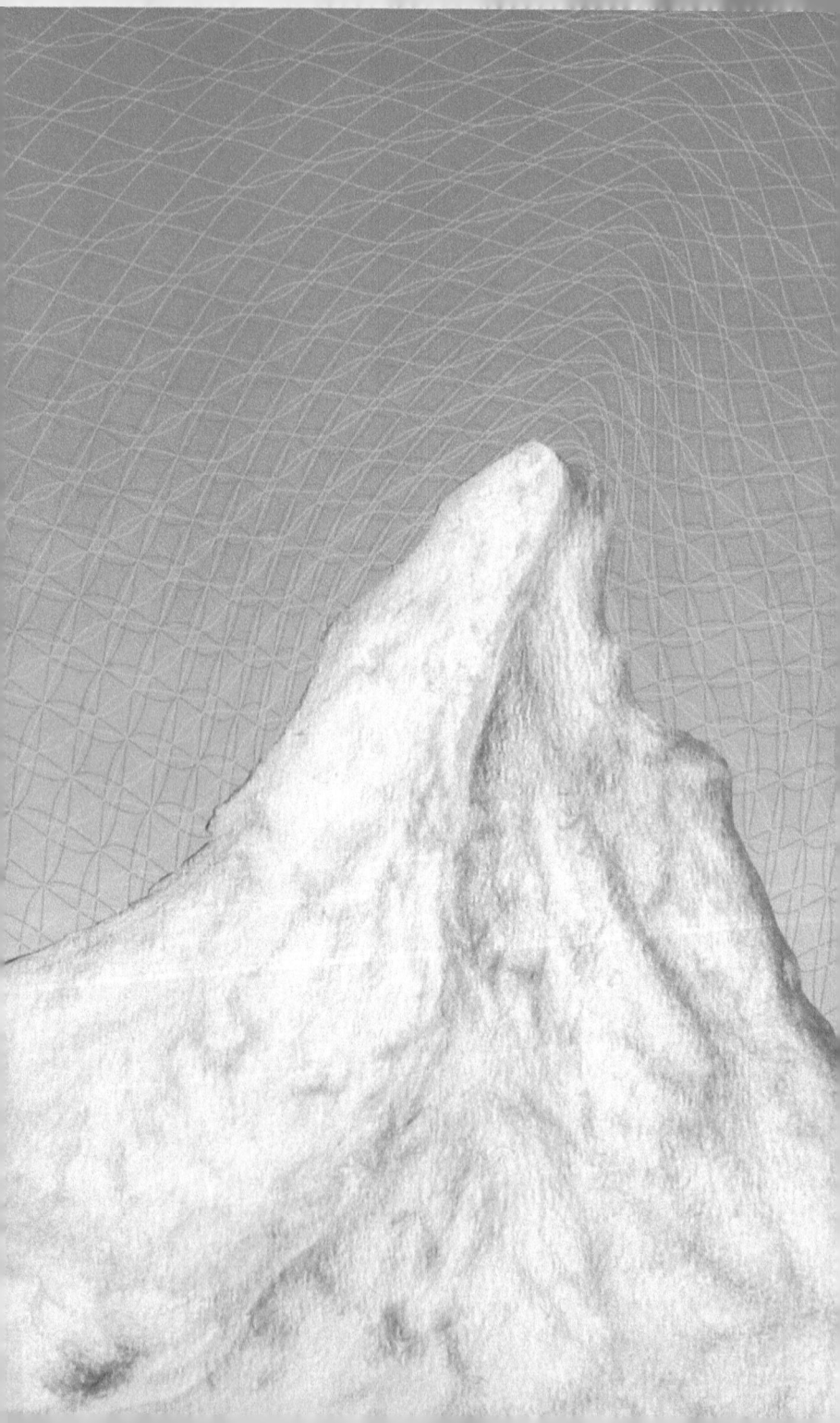

LIDERE
ORGANIZACIONES

Las mejores prácticas: ¿para quién?

Si siempre haces lo que siempre has hecho, obtendrás lo que siempre has obtenido.
Mark Twain

Las mejores prácticas se basan en las mejores prácticas del pasado, pero ¿son también las mejores para el futuro?

ISO27002, Ley de Sarbannes Oxley, adopción de nuevas tecnologías, conformidad y asuntos legales. Cualquiera que sea su sector, independientemente de su tamaño o necesidades, seguramente se encontrará con las Mejores Prácticas: modelos diseñados para facilitar la aplicación de cualquier tecnología, conocimiento, solución o herramienta. A los asesores les encantan. Las grandes empresas se nutren de ellas. Y algunos parecen creer en ellas como si fueran la única verdad.

No lo son, por supuesto. Las Mejores Prácticas son algo que ha funcionado bien en el pasado. Perfecto, si usted está viviendo también en el pasado. Sin embargo, es probable que usted y su organización vivan en el apresurado mundo en el que estamos el resto de nosotros. Un mundo en el que las cosas cambian a cada instante. Un mundo en el que aprendemos, enseñamos y experimentamos que si queremos tener éxito, tenemos que ser innovadores, echados hacia adelante y hacer las cosas de un modo distinto.

A decir verdad, las cosas cambian rápidamente, sí, pero tampoco tan rápido. Algunas Mejores Prácticas todavía son válidas aunque pertenezcan al pasado, mientras que otras quedaron obsoletas mucho antes de que fueran debidamente documentadas.

El desafío es escoger la correcta y aplicarla, evitando las que no deberían usarse. Mi regla de oro es que las mejores prácticas se basan en lo que ha funcionado bien en el pasado, y por lo tanto siempre me pregunto "¿Cómo va a ayudarme esta Mejor Práctica a ser el mejor en el futuro?"

¡Reflexione!

¿Cómo utiliza su organización las mejores prácticas?

¿Cómo documenta usted los éxitos?

¿Cuáles son las mejores prácticas que se usan actualmente pero ya no son relevantes?

¿Qué puede usted aprender de las mejores prácticas?

LIDERE ORGANIZACIONES

PRACTIQUE

Analice el uso de las mejores prácticas en su organización. Considere cómo puede mejorar la utilidad de las mejores prácticas que ya está aplicando.

Reflexione sobre como adoptar los conocimientos y la experiencia en las mejores prácticas para las necesidades que su organización puede tener en un futuro.

LIDERE ORGANIZACIONES

Medir para bien o para mal

No todo lo que se puede contar cuenta, ni todo lo que cuenta puede ser contado.
Albert Einstein

Una de las cosas que se espera que todos los directores hagan es medir. Medir constantemente el rendimiento de la organización a partir de las cifras de ventas, las cifras de producción, los errores, los márgenes de beneficio, el gasto de café, el número de reuniones por empleado, la satisfacción del cliente, el número de rollos de papel higiénico utilizados anualmente. Bueno, creo que ya se ha hecho una idea. Algunas de estas cosas son importantes, e incluso pueden proporcionar grandes resultados, mientras que otras son una pérdida total de tiempo y esfuerzo.

El truco está en encontrar el equilibrio. Medir lo necesario para proporcionar mejores resultados, y olvidarse del resto. Otro truco es darse cuenta de que algunas cosas no se pueden transformar en números: hay una diferencia entre calidad y cantidad. Es fácil medir cuántos clientes tiene, cuántas veces le compran, el promedio de los pedidos y los márgenes de beneficio. Pero ¿cómo se mide su satisfacción? ¿Cómo se sabe realmente si les gusta la calidad de sus productos?

También es importante que sus medidas se ajusten con los objetivos de la organización. Si no concuerdan las medidas con los objetivos de las organizaciones, no se obtienen resultados significativos, lo que conlleva recursos más útiles en otros ámbitos.

Algunas veces se acaban midiendo cosas sin realmente entender por qué has gastado tiempo en eso. Algunas veces, puede ser una medida irrelevante. Otras veces puede ser que usted no entienda su importancia.

Entender por qué se mide algo y para qué se van a utilizar los resultados puede motivarle a llevar a cabo esa tarea. También puede ayudarle a realizar mejoras y modificaciones que pueden hacer que los resultados se ajusten mejor a su fin.

REFLEXIONE

¿Qué objetivos existen en su organización actualmente?

¿Cómo se están midiendo esos objetivos?

¿Qué se está midiendo en su organización en este momento?

Diga cinco medidas que le gustaría eliminar.

¿Cómo se puede cambiar la forma en que su organización mide las cosas para conseguir mejores resultados?

LIDERE ORGANIZACIONES

Practique

Piense en la diferencia entre medir la calidad y medir la cantidad.

Piense en qué se puede cambiar en su organización para darle más sentido y utilidad a los datos recogidos.

LIDERE ORGANIZACIONES

¿Cuál es su strategia?

Antes de iniciar una caza, es conveniente preguntar qué se está buscando antes de empezar a buscarlo.
Winnie the Pooh

La estrategia y planificación estratégica son aspectos temidos por algunos, mientras que a otros les encantan. El trabajo estratégico es, en pocas palabras, la el proceso de determinación de objetivos y la asignación de recursos para alcanzarlos. La buena noticia es que es algo que se puede aprender y es fácil de hacer una vez aprendido.

Hay muchos métodos y modelos de trabajo estratégico. Quizás usted conozca solo algunos y es probable que tenga ya su favorito. Echémosle un vistazo a los principios.

El proceso es simple en principio, sin embargo, cuanto mayor sea la organización, más complejo se vuelve. Cuanto mayor sea el intervalo de tiempo, mayor complejidad adquiere. Hay algunos pasos sencillos que hay que seguir en todos los procesos estratégicos:

1. Establezca los objetivos/metas

2. Determine la situación/ estado actual

3. Decida qué medidas deben tomarse para cerrar la brecha entre la situación actual y los objetivos

4. Documéntelo todo

5. ¡Póngase a trabajar!

Aunque el proceso sea simple y siga la misma estructura todo el tiempo, la cantidad de trabajo varía mucho ya que depende de muchos aspectos.

Hay muchos métodos que puede aplicar apara recopilar la información necesaria. Algunos ejemplos son el análisis GA, el análisis DAFO, la fijación de objetivos, la lluvia de ideas y muchos otros. Trate de usar diferentes métodos y vea si eso puede ayudar a encontrar mejores o diferentes estrategias.

REFLEXIONE

Piense en los modelos estratégicos que aplica en su trabajo. ¿De qué manera se diferencian de los principios mencionados anteriormente?

¿Cómo puede cambiar los modelos utilizados actualmente, de manera que reflejen mejor las necesidades de la organización?

LIDERE ORGANIZACIONES

Practique

¿Cuáles son los objetivos a largo plazo en su organización? Escoja dos de ellos y desarrolle tres (sí, tres) estrategias diferentes para cada uno de los objetivos escogidos. Utilice diferentes herramientas para cada estrategia..

Producción eficiente

La verdadera esencia del liderazgo es su propósito. Y el propósito del liderazgo es llevar a cabo una tarea.
Coronel Dandridge M. Malone

En las últimas dos décadas, el sistema de producción y programación Lean, la metodología Six Sigma o la Kaizen, entre otras muchas más teorías, han recorrido y conquistado el mundo de los negocios. La idea es que delegar la responsabilidad de los progresos hasta el comienzo de la cadena (o donde reside el impacto directo de ese progreso) da lugar a cambios más rápidos, lo que afecta directamente a los beneficios. Sin duda, una gran idea, que funciona muy bien en la mayoría de los casos.

Toyota ha sido una de las grandes partidarias de esta idea y realmente les ha ido bien. De hecho, ha funcionado tan bien que la producción de las empresas occidentales han invertido en las competencias correspondientes y en los cambios necesarios para aplicar esos métodos. Las consecuencias y métodos indirectos se han dado en áreas como el desarrollo de software, la gestión de la cadena de suministro y las organizaciones de apoyo.

Cuando las organizaciones aprenden a aplicar la nueva filosofía, el cambio llega enseguida. Por ejemplo, en el caso de Toyota, el cambio se produjo en la producción de sus automóviles, en las unidades de producción propuestas y en los cambios aplicados, que mejoraron su particular unidad de producción. Ya que pudieron hacerlo a su propio nivel, fueron capaces de actuar con rapidez y solucionar los problemas a medida que surgían.

El desafío de esta actuación es que mejorar sin el debido control y sin las debidas pruebas puede supone realmente demasiados progresos. Como si tratáramos de quitar las abolladuras de una lámina de metal hasta tal punto que la lámina misma se desgasta. Hay un límite, incluso a las mejoras. En algunos casos, es mejor comenzar desde cero, con un modelo, un diseño o una lámina de metal completamente nueva.

Una producción eficiente no significa solamente una mejora constante de los productos existentes y de sus métodos de producción. También tiene que ver con el continuo desarrollo y perfeccionamiento de productos tanto nuevos como modificados. Ser eficiente significa a veces incluso tirar el producto actual y hacer uno nuevo.

REFLEXIONE

¿Cómo puede ser más eficiente su organización?

¿Con qué dificultades se encuentran?

¿Cómo motiva a su equipo para mejorar la calidad?

¿Cómo gestiona las ideas de su equipo acerca de nuevos productos y mejoras?

LIDERE ORGANIZACIONES

Practique

Invite a su equipo a una sesión de 60 minutos de lluvia de ideas para que propongan dos ideas innovadoras que permitan mejorar el proceso de entrega en su departamento.

Anime y motive a los miembros de su equipo para que sugieran al menos una mejora al mes.

LIDÉRESE USTED MISMO

LIDERE A LOS DEMÁS

LIDERE ORGANIZACIONES

Programa Mentor para el rescate

Miles de velas pueden encenderse con una sola vela y la vida de la vela no se acortará. La felicidad nunca disminuye por compartirla.
Buda

Ser un mentor y contar con un mentor son grandes herramientas. En su organización, usted puede partir de esta idea y estructurarla a través de un programa mentor: un programa con el que formará grandes mentores que compartan conocimientos y estrategias con los aprendices de la organización.

Uno de los programas podría ser parecido al que ha sido puesto en marcha por un banco de Nueva York, donde todo el mundo puede ser mentor y uno puede pedir a quien quiera que se convierta en su mentor. Al igual que mi amiga Lina lo hizo, pidiéndole al director general que fuera ser su mentor. Lina dijo: "Creo que fui la primera en pedirle que fuera mi mentor. Pero él dijo que sí. Y gracias a sus consejos e ideas, he desarrollado una brillante carrera profesional!".

Otro programa podría ser más estructurado, como el de Jóvenes Empresarios utilizado en Noruega. Estos programas tienen una duración de 12 meses e incluyen un proceso de emparejamiento del mentor con los aprendices, entrenamiento para los mentores, entrenamiento para los aprendices, un número mínimo de reuniones entre las partes, así como ceremonias de apertura y de clausura.

El propósito de utilizar un programa mentor es cosechar el máximo conocimiento posible en su organización. Siguiendo una estructura y estableciendo un objetivo claro, los frutos cosechados tienden a ser más abundantes. Hay muchos modelos diferentes disponibles, por lo que es fácil encontrar uno que se adapte a sus necesidades. Algunos países han llegado mucho más lejos que otros con los programas de tutoría, así que también puede plantearse mirar más allá de las fronteras de su país.

Usar programas mentor puede crear una fluida organización de aprendizaje donde los empleados acceden a los conocimientos y las experiencias de sus compañeros. También ayuda a que las personas se sientan útiles cuando se les pide que sean mentores, cuando compartan sus conocimientos y experiencias. A mí, personalmente, me encanta que me pidan mi opinión.

A veces se desea que los directores o los miembros del equipo desarrollen unas habilidades y conocimientos que no hay en ese momento en su organización. Existen programas mentor que no están vinculados a una única empresa. Estos programas pueden ser de carácter general, o bien centrarse en temas como el liderazgo, la gestión, las ventas u otros temas.

REFLEXIONE

¿Cómo puede un programa mentor ayudar a cambiar su organización?

¿Qué se puede lograr en su equipo y su organización si se pone en práctica un programa mentor?

¿Cuál sería el enfoque de este programa?

Practique

Piense en tres programas mentor y de tutoría.

Póngase en contacto con al menos uno de ellos y que le digan cómo un programa puede ayudarle a usted y a su organización.

LIDERE ORGANIZACIONES

Sumar competencias

> *El único proceso de formación para el liderazgo es el propio liderazgo.*
> Antony Jay

Creo que es responsabilidad de cada organización el continuo desarrollo de sus empleados. Los empleados son un gran activo para cualquier organización. Entonces, ¿por qué no invertir en ellos?

Si gasta dinero para desarrollar un nuevo producto y ve que este producto logra el éxito esperado, ¿deja usted de invertir en él?

Cuando usted contrata a alguien, busca habilidades especiales en él y comprueba que sus competencias sean acordes a lo que usted necesita. Quiere asegurarse de que su nuevo empleado tenga todo lo necesario para hacer bien su trabajo. Si encuentra un vacío entre su competencia y las exigencias del trabajo, hay que taparlo.

Hay muchos métodos diferentes para ayudar a crecer a los empleados, en función de su nivel, su tipo de trabajo y sus intereses. Es importante establecer vínculos entre sus intereses y necesidades y los de la organización. También es importante prestarle atención a la motivación del empleado, por ejemplo, preguntándole cuáles son sus intereses.

Un ejemplo es el obrero de una cadena de producción que expresa su interés por participar en un programa de desarrollo de liderazgo. Aunque, a primera vista, no vea sus habilidades de liderazgo, ni tenga necesidad de otro encargado en ese momento, el hecho de que esté interesado en el tema es una señal de que esta persona puede convertirse en un gran recurso para su organización, en algún eslabón de la cadena. Y ayudar a desarrollar estas habilidades puede tener otras consecuencias significativas: un empleado que empieza a valorar su liderazgo, un futuro líder en la organización, un trabajador que es feliz sabiendo que usted está de su lado, por nombrar solo algunos ejemplos.

REFLEXIONE

¿Qué está haciendo para aumentar las competencias de su equipo?

¿De qué modo valora las competencias en su organización?

¿Qué puede hacer para alimentar los conocimientos, el entendimiento y las competencias de su equipo?

¿Cómo puede animar a crecer a su equipo?

Practique

Haga una lista de los miembros de su equipo. Anote las competencias básicas de cada miembro, incluyendo sus estudios. A continuación, apunte su puesto actual.

¿En qué medida su puesto actual se ajusta a sus competencias?

En la lista añada dos columnas más. En una de ellas, escriba la formación y los estudios que cada miembro ha seguido después de entrar a formar parte de su equipo. En la segunda columna, escriba los temas por los que han mostrado interés, los temas en los que, según han dicho, les gustaría profundizar. Y si usted no lo sabe, ¡pregúnteselo!

LIDERE ORGANIZACIONES

Comunicarse con los interesados

> *El Golfo de México es un océano muy grande. La cantidad de volumen de petróleo y dispersantes que estamos vertiendo en él es pequeña en relación al volumen total del agua.*
> Tony Hayward, consejero delegado de BP,
> para The Guardian, Londres, mayo de 2010.

Su trabajo requiere que usted se comunique. Le guste o no. Cuanto más cerca esté de la cúspide de la pirámide, más comunicación hay. Puede comunicarse con diferentes grupos y personas. Para simplificar, llamemos a estos grupos y personas "los interesados". Aquí se incluyen, pero no son los únicos, sus empleados, las personas a las que usted informa, el propietario o propietarios, los miembros del proyecto, los gobiernos, el público, su familia, entre otras muchas personas.

Dependiendo de su puesto, varía cuántos interesados tiene, y también quiénes son. El secreto de su éxito es saber quiénes son sus interesados, directamente e indirectamente. Su jefe y los miembros de su equipo son ejemplos de interesados directos. Si su jefe tiene un jefe; en tal caso, ese jefe será un interesado indirecto. Si usted es el director general, el presidente de la junta y el consejo de administración también son interesados directos, así como sus homólogos. Por otra parte, los accionistas y el público se considerarían interesados indirectos en la mayoría de los casos, aunque no en todos.

Piense en las toneladas de petróleo que se vertieron en el Golfo de México en mayo de 2010. Tony Hayward se dirigió a sus interesados y les dijo la cita mencionada anteriormente. Sus palabras iban dirigidas a un grupo diverso de interesados: al público, a los medios de comunicación, a los gobiernos, a los clientes de BP, a sus socios y, por supuesto, a los accionistas e inversores, entre otros muchos.

El truco de la comunicación es comprender lo que la otra parte está buscando. Analizar los distintos tipos de interesados con los que usted tiene que tratar a menudo le ayuda a comprender sus necesidades, y cómo puede ayudarles simplemente poniendo a su disposición la información pertinente y oportuna. Piense en la manera en que le indica al director de un proyecto como tiene que gestionar un proyecto, y compárelo con la manera en la que informa de los progresos de ese mismo proyecto a su jefe o al cliente. La mayoría de las veces, utilizará diferentes estrategias y contenidos, aunque el objetivo sea el mismo: compartir la información que ellos necesitan para hacer su trabajo lo mejor posible.

REFLEXIONE

Fíjese en cómo Tony Hayward se dirigió a los medios de comunicación durante el derrame de petróleo en el Golfo de México. ¿Cómo lo habría hecho usted?

¿Qué habría hecho diferente?

¿De qué modo afectan a su trabajo sus interesados?

¿Y qué impacto tiene usted en su trabajo?

Practique

Haga una lista de todos los interesados que tenga. Divida la lista en dos columnas: directos e indirectos.

Para cada interesado, haga una lista de las tres cosas que con más probabilidad necesite de usted.

Adapte sus estrategias de manera que satisfaga las necesidades de cada uno de los interesados.

LIDERE ORGANIZACIONES

LIDERE ORGANIZACIONES

El autor: Roer Kai

Kai Roer es un asesor e instructor en temas de gestión con amplia experiencia internacional. Es profesor invitado en la Escuela de Administración de Noruega, y el propietario de El Grupo Roer, un grupo europeo de consultoría de gestión basado en la seguridad de la información y gobernanza.

Ha trabajado en muchos países europeos, habla seis idiomas e imparte cursos de formación en tres continentes distintos. Roer cuenta con una enorme red internacional y es considerado un líder en ideas por sus compañeros.

Roer fue nombrado Socio de Formación Internacional en la Cámara Junior Internacional. Es miembro de la junta de numerosas organizaciones.

Roer tiene un blog sobre seguridad de la información y gobernanza (www.roer.com) y un blog sobre la motivación y el liderazgo (www.bebetter.no). Ha aparecido en varios periódicos, tanto en su edición impresa como en la digital, así como en radio, televisión y prensa.

Roer es un apasionado de la formación de líderes.

Puede seguir a Kai Roer en twitter.com/kairoer, en Facebook y contactar con él en LinkedIn. Los enlaces a sus perfiles e información de contacto se encuentran en su página web: www.kairoer.com.

Cualquier comentario, pregunta y petición será bienvenido.

Agradecimientos

Este libro no existiría sin la inspiración y la ayuda de muchas personas.

La persona más importante en este proceso ha sido mi mentor desde hace muchos años: Thor-Erik Gulliksen. Gracias por creer en mí y ayudarme cuando más lo necesitaba.

Me siento muy agradecido con la Cámara Junior Internacional (JCI) por todo lo que he podido llegar a aprender, por los amigos que he hecho y por la inspiración que la JCI ha supuesto para mí en este proyecto.

Gracias a Filipe Carrera por ser una gran inspiración y por haber establecido el nivel de calidad (/las normas/las reglas).

Gracias a Mervi Simoska, Anke Cherdron, Martin Gustafsson, Zsolt Feher, Agnese kulina- Stomere, Heidi Murdoch Larsen y a muchos otros por su continuo apoyo en estos años. Mi más sincero agradecimiento a Andreas Richter, que me ha ayudado con su sabiduría, y a Lina Derskersli que ha compartido conmigo sus conocimientos y valentía.

A Patrick Knight y María Jönsson, que dedicaron su tiempo libre a revisar y mejorar mis escritos, convirtiéndolos en contenido con sentido.

A Christine Albrecht y Arre Obenson y a la sede de la JCI en San Luis por su involucración con este tema y esta causa.

A mis padres, hermanos, hermanas, y a toda mi familia por sus ánimos constantes, sin preocuparse cómo de locas podían llegar a ser mis ideas.

A mi hijo Leo. Eres mi esperanza y mi esplendor.

Por último, y más importante, quiero darle las gracias a Karolina Luna por ser una luz en la oscuridad: ¡eres la mejor compañera que un autor puede tener!

No se olvide, querido lector, que con este libro, usted apoya una buena causa.

REFERENCIAS

Esta es una selección de las fuentes de inspiración que he utilizado durante años. En http://theleadersworkbook.com, puede encontrar una lista más completa, a la que además puede añadir sus propios recursos.

Mentorboken,-Erik Gulliksen Thor, ISBN: 9788293045008

Networking Your Professional Survival Guide, Filipe Carrera, ISBN: 9789726185864

Squirrel Inc, Stephen Denning, ISBN: 9780787973711

Gut feelings, Gerd Gigerenzer, ISBN: 9780143113768

The Seven habits of Highly effective People, Stephen Covey, ISBN: 9780743269513

Smart Questions: The Essential Strategy for Successful Managers, Dorothy Leeds, ISBN: 9780425176597

The Long Tail, Chris Anderson, ISBN: 9781844138517

Predictable irrational, Dan Ariely, ISBN: 9780061353246

FISH!, Stephen C. Lundin, Ph.D., Harry Paul and John Christensen, ISBN: 9780786888825

Leader Effectiveness Training LET: The Proven People Skills for Today's Leaders Tomorrow, Thomas Gordon, ISBN: 9780399527135

Strengthsfinder 2.0, Tom Rath, ISBN: 9781595620156

El Manual de los Líderes

El Manual de los Líderes

www.ingramcontent.com/pod-product-compliance
Lightning Source LLC
Chambersburg PA
CBHW032018170526
45157CB00002B/760